AF617594

SERIE POESÍA

CRUJIDOS DEL ALMA

ANTONIO ZARZA VERA

CRUJIDOS DEL ALMA

Primera edición: diciembre 2025

EDITA:
Editamás, editorial y contenidos digitales

DEPÓSITO LEGAL:
BA-000708-2025

ISBN:
978-84-942701-0-9

MAQUETACIÓN, IMPRESIÓN Y PEDIDOS:
www.editamas.es

924 18 07 91

A mis padres, Carmen y Antonio

A mis hijas, Alba y Teresa,

A mis nietos, Carla y Jara, y Manuel,

Y al pueblo donde nací, La Torre de Miguel Sesmero.

De tiempo en tiempo el alma de un viejo poeta
vuelve a la vida a hacer penitencia
se esconde del mundo y compone poemas
que luego convierte en cenizas. Expía
la culpa... Y reniega de la vida eterna.

—.**MEDITERRÁNEO**—.

AMOR, NATURALEZA Y ARTE

Antes de nada quisiera mostrar mi más sincero agradecimiento a Antonio Zarza Vera, poeta perteneciente a la Generación 2017, que a manos llenas me mostró lo que con tanto celo guardaba en la celda de su corazón: la novicia palabra.

A la postre, me honró con prologar este maravilloso poemario "Crujidos del alma". Fue entonces cuando mi pluma, largamente callada, desde el fondo del alma, tocó mis encallados dedos y, entre castizos susurros de jaras y encinas, avivó la llama de la insípida imaginación e iluminó el espíritu con el soplo de oferentes versos.

Al leer de soslayo sus poemas, sentí como si el ánima errante del viejo Luis Chamizo volviera a la vida y, retornando al terruño de su niñez, en otro cuerpo, recreara su mirada en los verdes campos y escribiera nuevos versos. Entreví como si el frío aliento de José María Gabriel y Galán soplara en sus ojos niños, susurrándole: *—¡Quiero Vivir!—*. Vislumbré como si en el fondo de su alma escuchara la voz del genio becqueriano diciéndole: —¡Levántate y anda!— O quizás no, ¿Quién sabe? Quién sabe si era el espíritu machadiano dando las doce campanadas en su reloj de pulsera: *—¡No temas!... Mi corazón también espera hacia la luz y la vida otro milagro de primavera—*. O por ventura *—como un ladrido de perro saliendo... de ciertas tumbas...—*, ¡la beldad, el amor, la naturaleza y la justicia social nerudiana *—Es en ti la ilusión de cada día!—* De una forma u otra, aprecié a través de sus versos una vida llena de pasión y compromiso que, desde El Torreón, como una cometa, soltándose de la mano de su maestra, Dª. Virtudes Tristancho Giraldo, escritora, poeta, pintora, etc., se elevaba a las alturas y contemplaba el impresionante paisaje... Nuestra Señora de la Candelaria... Ermita del Santísimo Cristo de la Misericordia... Convento de las Carmelitas... Molino Aceitero... Fuentes, Albercones y Arroyos... Cruz de Almendral... Ermita de San Isidro... Ermita de la Langosta... Los Doce Apóstoles... Sierra de Monsalud... Laguna Grande... Laguna del Carril... Llanos de los Espartales...

Y transmutándose en un globo aerostático se dirigía hacia la Sierra de Huelva..., en tanto Antoñito desde la barquilla arrojaba versos de almas errantes de viejos poetas que vagaban sin cesar en su corazón y que, ahora sí, en paz, renunciaban a la vida eterna y, de la mano del sesmero Miguel Pico, marchaban hacia *el muro de las otras lamentaciones*, en el Paraíso de Adán... Y finalmente se perdía en el infinito horizonte en busca del vellocino de oro.

Y así, más allá del noviciado, la palabra del poeta cigüeño continúa su formación y, cual actor en una obra de tres actos, toma sus votos de entendimiento, imaginación y sensibilidad en el juniorado de su poética.

Es en esa marcha introspectiva del amor en busca de la belleza desde su yo más primigenio, donde nuestro vate toma el arado pluma de sus antepasados y con sus encalladas manos surquea el abecedario... Remueve las reminiscencias de su primera infancia... Barbecha los terruños de su niñez en lo alto de un escenario vacío... Apelando al espíritu de la esperanza, arroja, esparce adolescentes recuerdos sobre la cuartilla... Sobre la hoja de sueños, laborea las añoranzas de su juventud, divino tesoro... Cosecha las nostalgias de su madurez, inagotable manantial de vida... Airea las yermas soledades de su adultez, remanso de paz, realidades y sueños... Explora y abona las vírgenes emociones del corazón... Acolcha la angustia que envuelve el alma, buscando la paz interior y la calma en el mar de la vida, amando a su prójimo, dando a quién quiera recibir, abriendo el corazón y dejando fluir sus emociones.

Es en esa huida hacia el encuentro sensorial con la divinidad, cuando escucha en el alma el eco de la divina palabra, a la que se consagra a perpetuidad, y con la que emocionalmente nos provoca e inquieta, atrapa vivencialmente y nos hace orbitar en espacio tiempo.

Con la inocencia de un recién nacido, sonriente, contempla con orgullo sus ojos niños, suspira con anhelo, la apadrina, posesivamente, con optimismo e ilusiones nuevas... Ella, tejedora de sueños, desde la cuna, contempla las filigranas de su rostro, el pelo rojizo, la tez rubicunda... Con sus pequeñas manos, Jara, aprieta sus dedos, pulgar, índice y corazón, y congela el tiempo... Él, con la flor de oro ya en la palma de la mano, refresca su vida y alegra el corazón.

Consciente ya de su destino, a sabiendas de que el arte no exige riquezas, solo alma, corazón y vida, e incapaz de controlar los impulsos nuestro entusiasta poeta, sostenido en las profundas raíces de su gente, con una determinación inquebrantable se rebela contra la soledad y el aislamiento al que trata de someterle un mundo cada vez más deshumanizado e individualista.

Zarza Vera es aquí y a esta hora un poeta castizo que, además, mantiene la casta de labradores, cultivando sus propias tierras. Es por ello que su lírica es natural, nostálgica, sencilla, directa, profunda, y, al mismo tiempo, expresiva, rítmica, melodiosa, sensitiva, etc. Sin embargo, antes las injusticias sociales, sus versos serpentean, se renuevan, renacen y emergen desenfados, sarcásticos e irónicos contra el poder establecido.

Sensible como el pétalo de una rosa, el poeta torreño vive sin prisas, zorrea en busca del amor verdadero, huye de los compromisos sociales y fantasea con un mundo mejor. Con una sonrisa barjolada siempre en su rostro, nuestro vate ama y sufre por igual. Por ende, a la luz de la conciencia, ilumina su ser, concienciándose sobre el dolor ajeno, el cual siente y padece más que el suyo propio, y, olvidándose de sus deseos y necesidades, alivia el dolor de otros con la salicina de sus versos.

En su habitar poético, consciente, reflexivo, contemplativo, el animoso lenguaje explora su despertar a la vida, volatea de rama en rama el entorno, experimenta, aprende cosas nuevas y se adapta con facilidad a los diversos hábitats de la belleza; no obstante, es ingenuo por naturaleza, confía demasiado en el ser humano, lo cual, a veces, le acarrea amargas desilusiones y profundos desengaños, o sea, abandono, vacío, sufrimiento, soledad. Es entonces, en su desaliento, cuando el verbo se aísla del mundo, se rehace, se sacude el polvo y, alegre, leal, optimista, valeroso, vuelve a estar en busca de nuevos ideales, siendo el fuego que consume su espíritu, como una antorcha llameante que ilumina el camino hacia la felicidad. En resumidas cuentas, su poética es intuitiva, veraz, intensa, apasionada, idealista... ¡Esperanzas, sueños, que nacen dentro del corazón!

Así pues, desde lo más íntimo de su ser, nuestro poeta, un hombre sencillo de corazón puro, con alegría y emotividad desnuda el alma, libera el espíritu, asume el sacrificio poético como un acto de sufrimiento, amor y generosidad hacia los demás y a vuela pluma escribe, en tanto cantan y danzan amor, naturaleza y arte. Es en este proceso comunicativo, entre la naturaleza y el arte, donde nuestro poeta escucha la música de las esferas y siente en vivas carnes el aguijón de la inspiración. Es en ese fluir, donde el poeta cigüeño se responsabiliza en mantener encendida la llama Generación 2017 y avivar el fuego, para, junto a sus compañeros, esparcir la luz Asociación Cultural Badajoz Contigo.

Sí, querido lector, aquí y ahora, la voz del universo y el fuego de la inspiración, en otras palabras, sin hipocresías ni falsas sonrisas, el poeta, Antonio Zarza Vera, y sus versos, "Crujidos del alma"

En el vuelo angelical de los lirios, 19 abril 2025.

—MEDITERRÁNEO—

El Torreón: En las cercanías de la iglesia parroquial existió una fortaleza cuyos últimos remos fueron demolidos en 1841. De ella perdura El Torreón como único testimonio, el cual se le relaciona con el nombre de la localidad, La Torre de Miguel Sesmero.

LA TORRE, MI PUEBLO

Aquí me forjé,
Aquí nacieron mis más bellos amores,
En este pueblo de fachadas blancas,
Tejaos de costura y hermosos colores.
Soy de pueblo, orgulloso de serlo.
Y en mi viajar deambulante,
Donde quiera que fuera,
Puse su bandera de cálidos colores.

Heredero del gen de tus ancestros,
Hoy se viene a mi memoria para ellos
Una canción de cuna, para esa "mi gente",
Aquellos que amaban el arte y la cultura,
Que enumero, entre otros, porque tanto ARTE
No cabría en mi escritura:

Miguel Pico, caminante que hizo caminos
Y en su largo caminar se trazó la senda
De ser el hombre más honrado que dio esta tierra.
Torres Naharro y Juan Barjola, apasionantes figuras,
Supieron expresar el ARTE, pintar de bellos colores,
Uno, en el lienzo, el otro, en el teatro que es la vida.
¡Qué brillen en vuestras auras el color de la aceituna
Y el volar tranquilo de las aves!

Virtudes Tristancho, mi amiga, mi profesora, mi arte,
Sensible como el pámpano que el viento azota.
Mujer de pecho grande, donde guardaba las musas
De los atardeceres de brillo constante.
Carmen Vera, enfermera sin título y sin sueldo,
Solo generosidad, mujer grande.

En mi corto relato, entre poema y canción,

Vino a verme mi Dios, y cantamos canciones

Y poemas de amor a este pueblo

Que lleva en sus venas el ARTE

Y una bella canción de amor.

MI CASA

Mi casa nació en la sierra
Entre suspiros mullidos de jaras y encinas.
Tiene el don del suspiro de la tierra
Y la amalgama de la cal de y de la piedra.
Mi casa no tiene nombre,
Tiene el sudor de mi frente,
Que lleva en ella grabado.
Construir no es heredar, es crear.
Y si el tiempo es el material
Del cual está compuesta la vida,
¡Allí dejé la mitad!,
La otra mitad fue para soñar.
Mi casa huele a leña, a trapos enjutos
Por el calor de una hoguera.
Tiene mi casa algo que no tiene ninguna:
Mis miserias a plazos cortos y en el fondo,
En el desván, mis poemas.
Ella tiene el sabor de mis años,
El pasar lento de mi vida.
En ella contemplo a los pájaros,
Y el reto sublime de mis días.
Mi casa tiene un remanso,
Donde me baño, al soñar
Con vuelos de golondrinas.
Y en los rincones del alba,
Cuando me pongo a pensar,
Creo que mi casa tiene algo
Que no tienen las demás.

BELLA

—A Monsalud—.

Bella, con desnudez de tierra.
Me la presentó mi padre,
Aquel que rompía tus senderos, nada más nacer el alba.
La contemplé, suavemente, como se contempla el agua.
Nada más verla me impregné de su aroma
Y de su cintura parda.
Aún me huele a Jara, a charneca, a melones maduros,
A ropa planchada.
Desde mi lecho caliente, con mi almohada arrugada,
La evocaba y la miraba,
Tal vez, queriendo arrancarle un rincón de sus entrañas.
Embriagado de sensaciones, sensaciones mundanas,
Cerré las ventanas de mi cuarto y me quedé conmigo,
Absorbido de esa paz que me daba.
¿Quién es? —Pregunté—. Vivió la guerra
Y hasta sufrió los temblores de la tierra,
Y ahí está, como si nada,
Con su manto verde y su esbeltez cortada.
La admiran los poetas, los búhos y hasta las garcillas blancas.
Y yo, celoso de ti, enamorado hasta las trancas,
Prefiero pensar que no existe nada.
Y cuando tenga que morir, aunque morir ya no es nada,
Que me entierren contigo, bajo la faz de tu espalda.

¡CÓMO TE ECHO DE MENOS, MADRE!

Se me fue en una nube tu poema.
Ya no soy más que un cordero sediento de tu leche.
La escombrera, que recorren palmo a palmo las hormigas del silencio.
Estoy tan solo sin ti, MADRE,
Que en la guerra de mis días
Los soldados conocen bien los flancos de mis tanques,
Convirtiéndolos en ruina.
Cúrame, que tú bien sabes parar el aire en las fronteras,
y deja que transcurra mi río por los juncos del valor y la alegría.
¡Qué veloz es el olvido!
¡Qué triste la ignorancia!
Solo un puñado recuerda a la hábil curandera:
Brazos rotos, hombros desencajados,
Inguinales de cachorros y algunas clases
Innatas que salían del corazón.
No se me olvida, MADRE, a aquel paciente sansón,
Cuando estiraste sus huesos, embebido en su dolor,
Te golpeaba en la cara, típico de un boxeador;
Ya casi tenías noventa
Y, con apagada voz, encima hablaba el perdón.
¡Qué los ángeles engullan la ternura de tu amor
Y lo expandan por la tierra, MADRE,
Como bien hiciste tú!

HOY

Hoy puedo ver los cuerdos surcos
En tu frente divina
Y el temblor cribante de tu barbilla.
Quiero pensar que muriendo,
Aún te queda mucha vida.

¡FEFINA!

—A mi hermana, María José—.

Fefina, mi lecho, mi calma, mi amor.
Gallina de alas grandes, con pecho de plumas y algodón.
Cada mañana, sin reparar en detalles, abre las puertas de su corazón
Y recoge el polen de las flores, que guarda a buen recaudo en su interior;
Al día siguiente lo expande al infinito,
Como expanden el aire las vibrantes alas de un ventilador.
Agotada y sin vida llega a la noche,
Y se carga de vida con un rayo de amor en las tapias del hambre.
La llamamos Mami, diminuto nombre para un pecho tan grande,
Tendido al sol con suspiros de amantes.
Tiene anochecido pelo y ojos de gacela.
Cuando mira parece apagar la ira y el mal de la gente.
Sus labios, color púrpura ardiente, ostentan la dicha de los inocentes.
Su caminar es lento, como el plácido vuelo de un águila errante
Que arrulla a sus pollos cuando cae la tarde.
Madre de mis padres, hermana de empaque,
Pídeme la luna, pídeme un lucero, pues dinero no tengo,
Pero, si te hace falta, a robar me echo.
Es mi canto de amor para ti, Fefina.
Te quiero y lo sabes... ¡Que mi Dios te acompañe!

A LA LUZ DE SUS OJOS

—A Alba,, mi hija,, y a Carla, mi nieta—.

No sé si fueron tus ojos
Los que vencieron la luz destellante de mis ojos,
Que jamás vieron más allá de donde tú estabas.
No sé si fueron tus pasos,
Los que en mi sendero quedaron prendida tu huella,
Para no borrarla jamás ni el viento ni el estrecho mundo inquieto.
No sé si fue tu sonrisa, tus ojos, tus pasos o tus besos....
Sólo sé que vives implicada en mis sueños
Y que en mi corazón jamás mandará un secreto.
Jamás me sentí más hombre
Que aquella tarde tranquila del mes de noviembre
Cuando en mi trabajo rudo del campo hice una pausa
Para ver nacer el alba, fundida en tu sangre y mis huesos.
Me diste la flor más bella que jamás nació en la tierra.
E incluso me diste miedo, al pensar que yo no merezco tanto.
Y tú me lo diste todo, como da al poeta el verso.

Portada Principal de la Iglesia de Nuestra Señora de la Candelaria.

GOZO DE AMOR

—A mi nieta, Carla. —.

Esperada, como la suave lluvia de primavera.
Antes de aparecer, querida,
Que lo sepan los árboles, que eran testigos.
Te esperamos con gozo de amor,
Como se espera al mesías,
Como se espera la brisa, como se espera una vida.

Se pronunciaron los manantiales del río,
La sombra, el frío.
Dejando una vela encendida en los charcos vacíos.
Bajó, como una estrella de paz en sueños perdidos,
Y nuestros corazones, tendidos al sol,
Se iluminaron de bellas sonrisas.

Cruzando, mimando los pasmos de los abuelos
De babas cansinas,
Allanando el camino de rutas perdidas.

¡Carla, yo te bendigo! Mi alma pide abrazarte,
Como te abraza el alba en su cobijo,
Como ciñe el beso en la sombra labios retorcidos,
Y que cubra con su desvelo tus apellidos.

Que sepas, mi niña, y que sepa mi Dios,
Que antes de nacer, yo ya te quería.
Y que cada mes de enero,
Cuando pronuncien tu nombre los catecismos fornidos,
Se desojarán las flores
Al escuchar tu nombre junto a tus apellidos,
Y el halcón del silencio rememorará tu nombre, ya bendecido.

Que mis ojos, tímidos farolillos,
Vean crecer tus rizos color de trigo.
Y en tus viajes serpenteantes, como las aguas del rio,
Lleves por montera a los que te quieren,
Te van a querer y te han querido.

FLOR DE JARA

—A Jara, mi nieta—.

En la Umbría de la Sierra ha nacido una flor...
¡Es una flor de Jara!
Sus retorcidos pétalos inundan de polen a la vecina charneca
Y a la vieja encina; y el oloroso tomillo, celoso de ti,
Quiere ponerte una franja de espinas.
Yo voy a verla todos los días.
Soy prisionero de su bella sonrisa,
Porque cuando enseña sus dientes de leche de almendra
Se me quiebra el sentido y aviva la vida.
Yo quiero enseñarle a ser campesina,
Sentir los rumores de la tierra,
Libar las flores como hacen las abejas...
Porque habrá profesiones tan buenas y tan dignas,
Pero esta es la más noble y bella.
Enseñarle a escuchar el silencio del campo
Y la voz dormida de una tierra en calma,
Donde los vecinos no se tiran piedras, sino se aman.
Me gustaría que entendieras el sentido del río, a su paso callado por la cañada,
El volar de los pájaros y el croar desnudo de las ranas.
Quiero enseñarle el misterio del injerto y la poda,
Y que miremos juntos el volar incierto de la libélula.
Si aprendes bien los consejos de un humilde abuelo
Caminarás por la vida con el cuerpo y la mente erguidos como una roca,
Y en tu espalda chocarán los terribles vientos del sur y tú, como si nada.
A mí, aprende a quererme, solo a quererme, aunque no me lo digas.

A MI BIEN LLAMADO POTRO

—A mí hija, Teresa.—.

Caldo de cultivo de dos seres que se amaron.
Solo el cielo y yo sabemos
Lo que fue para mí esa tarde.
Sí, un cuatro de mayo naciste,
Un cuatro de mayo, al compás de las flores.
Dormida en tu lecho,
Como el pámpano duerme
En las cumbreras del rio,
Tronaron los Dioses
Y se apagaron las luces de los andarríos.
Lentamente se consumía la tarde
Por los rastrojos baldíos
Y, agitadamente, en la cama
Se retorcía tu madre,
Como un perro adolorío.
La alondra le cantaba al alba
Y el crepúsculo, ofendido,
Mandó callar a los mares,
Porque hacían mucho ruido.
Me daba miedo mirarlas,
Me daba miedo tocarlas,
No fuera a ser que el aliento
A las dos le molestara.
¡Qué tarde tan emotiva!
¡Qué brisa tan sosegada!
¡Qué rayo de luz tan fuerte
Alumbraba tu llegada!

De allí, de esa tercera planta
Del hospital de la infanta,
De allí emprendiste tu vuelo,
Y aún planeas como una garza.
De allí arrancaste tu vuelo
Con una dulce sonrisa,
La que siempre te acompaña.

Hoy te admiran los poetas,
Y te aman los que aman
Y también los que no aman.
Hoy tiene celos de ti
El mar donde no te bañas.
Hoy me ha dicho el universo
Que caminabas de noche
Por la cima de su espalda.
Y yo, hechizado de ti,
Me monto a la grupa contigo.
Sí, con mi bien llamado “potro”,
Para recorrer el alba.

EL MI MANUÉ

—A mí nieto, Manuel.—

Cuando los deseos estaban
A medio cumplir,
Y las indeseadas canas
Poblaban la mayor parte
De mi cabellera....
Cuando el sol y el viento,
Van dejando el deterioro
Inminente en mi ventana...
Cuando el árbol de la vida
Creí que echó todas sus ramas...
¡Se inicia un cultivo de amor
Entre dos seres que se aman!
Prepararon cuidadosamente la tierra,
Como se prepara la noche
Para recibir al Alba,
Y una estrella fugaz depósito la semilla
Entre tus sábanas blancas.
Pasaron nueve meses y un día,
Para alegrar nuestras vidas.
Manuel, palmito que emerge
Impunemente de las entrañas
De ese ser que, con gozo, te esperaba.
Ya no me importan mis canas.
El viento anida en mis manos.
Me has devuelto la alegría.
Yo quiero que mi Dios
No me llame todavía.
Quiero aliviar tu sendero,
Yo quiero ser tu guía.

Tengo que enseñarte lo poco que sé,
Del gran misterio que es la vida:
La magia del injerto y la siembra,
El volar de las aves,
El sentido gris de la libélula,
El cardo verde y la espiga.
Quiero enseñarte la palabra AMOR,
Que siempre vaya contigo,
Entrelazada en tus días.
Me gustaría enseñarte
A volar sin alas,
A abrazar sin brazos,
A querer casi sin vida
Y mañana, cuando se apague
Mi luciérnaga encendida,
Tú, serás mi río.

TIERRA EN CALMA

—A mi sobrina, María José, "La mi chica" —.

Era de interior, pero quiso ser gaviota.
El instinto y el amor la llevaron
Al buen recaudo de los mares del sur...
¡Y planeó sobre la blanquecina espuma de la playa!
En su vuelo dejó atrás su paso corto,
El mimo, los abrazos, la torpeza titubeante
De andar despacio y el penetrante olor de la higuera.
Los que nos quedamos,
Aplaudimos, muy al final, tu ida,
Pero en el fondo
Se nos retorcía una esquina del alma
En la despedida.
El mensaje en su interior era claro:
Ayudar a esos niños que carecen de amor y ternura.
El sarmiento lloró en la poda,
Pero el vino fue cogiendo cuerpo
En las atrincheradas bodegas,
Tras la vendimia.
Sabes que te quiero,
Desde que eras un minúsculo pegote de barro
En el macetero de la vida.
Tienes mi primavera en tus manos,
Aprende a ingerirla de una forma suave,
Porque de esa forma te llevarás
En tu anochecido pelo
El intrínseco olor de las flores,
De una tierra en calma.

AMIGOS

Decir amigo es mirar al cielo sin complejos,
Decirle al mundo que te quiero,
Arrancarle al firmamento una bella canción de amor.
Decir amigo es mirarnos justo cuando aparece la luna
Sin temor al sufrimiento ni al irritable dolor.
Decir amigo tiene el semblante de loba
Y el pecho erguido de un pequeño ruiseñor.
Tener amigos es rezar cada mañana juntos,
Mirarse en los destellos del amor,
Quitarse la comida de la boca,
Sin respuesta inoportuna,
Al bailar el mismo baile de salón.
Ser amigo tiene pétalos de rosa,
Polen de la vieja encina, sonidos de caracola
Y espinas de cardo azul.
Quiero pensar que mañana estarás
Arraigado en la cuneta de la vida
Sin despreciar el vil pasado,
Y que éste nos lleve siempre al conjuro del perdón,
Porque las sábanas no están siempre limpias
Y hay que lanzarse a lavarlas con hechos de amor.

POEMA INCOMPRENDIDO

—Recordatorio al ser que me dio tanto, Virtudes Tristancho—.

No fue un huracán el que destrozó las esquinas de tu escaparate...
No fue el crudo sol el que desheló tus inmensos glaciares...
¡No, fue la inquina, la rabia, el odio de las clases sociales!

Tú fuiste el alba que apaga la noche...
Pero su oscuridad no tuvo la fuerza de apagar el Arte.
Fuiste el manjar de un poema incomprendido, arrogante.
Profesora del alma, a dos pesetas la clase,
Y yo, chatarrero de sueños, me pegué a tu cintura,
Como se pegan los post it en los despachos del hambre.

Tiempos parturientes, de desolación, de ríos de sangre.
Robé para ti, ¡gesto inolvidable!
Rompí las puertas de mi honor para paliar tu sequía,
Todo maternal, nada importante.
Tú me diste más, yo fui el capitán de tus emociones,
Fui la esponja que absorbía las aguas limpias de tus manantiales...
El mismo ladrón de tu belleza inagotable.

Te fuiste joven, como se van
Los inmensos sabores de los paladares,
Pero me quedé con lo más grande:
Tu amor, tu cultura, tu imaginación...
¡Tu arte!

¡TÚ MISMA!

—A Virtudes Tristancho (q.e.p.d.) —.

Aquí yace la ilusión y el sueño,
El eslabón exaltado de la dura cadena
Luchando y amando libremente
Hasta el más diminuto átomo de su alma,
El atardecer, el verso, la amistad, la sonrisa.
Fuiste mi ilusión de niño, mi profesora, mi poetisa,
Tal vez nada para alguna gente,
Pero... ¡Tú misma!

—© MARIBEL BAZAGA ZAMORA—

POR SIEMPRE JAMÁS

—A Tomi Tristancho, mi amiga.—.

No estemos tristes porque unas secas lágrimas
Perturben nuestros afligidos pensamientos.
Recordemos, juntos, que en nuestro presente
Está el arte de vivir, ¡eso por supuesto!,
Y, si algún día, un halo de luz
Quema nuestro mejor momento,
Seguiremos queriendo por siempre jamás
A ese ser que ha muerto.

¡SE FUE LA RUISEÑORA!

—A Maricarmen Torrado (Q.E P.D.)—.

Esta mañana temprano
Oí doblar las campanas
En el bar de la estación.
El aliento y el pañuelo van de luto.
Se me rompió el corazón.
¿Por qué te vas ruiseñora
Teniendo un nido de sol y lluvia
En tu garganta?
¿Por qué te vas ruiseñora?
El río se quedó en remanso,
Murmullaba la espuma…
Y al lobo le crujía el lamento
En su guarida oscura.
La zorra perdía el pelo
Y le decía a la grulla:
—Se te ha ido el trino del campo,
¿Qué vamos hacer ahora?
La charneca y el olivo,
Tristes por la misma causa.
Abortaron todas sus **yemas.**
El año no trae cosecha.
El fandango quedó huérfano,
Ciega, la bulería,
Y yo me muero de pena
Porque he perdido tu alegría.

Ermita de la Langosta: Cuenta la historia, que una horrible plaga langostas estaba arrasando los alrededores de Torre de Miguel Sesmero y fue en el lugar donde está emplazada esta ermita donde la plaga se detuvo, y no se dirigió al pueblo.

¡MALDITO COVID!

—A mi amigo, José María Torres Campillejo—.

Escuché doblar las campanas
Y a la gente murmurar tu nombre.
Se me secaron las manos
Y una lágrima atrevida
Me cruzó el corazón de punta a punta.

Te fuiste por un silencioso bicho:
Sigiloso como la culebra,
Invisible como el viento,
Dañino como el veneno
Que mata la savia de las junqueras.

Te fuiste dejando el hueco más grande de los huecos,
La brisa dormida en los escaparates del alba
Y el amor aplastado de unos padres que te aman.

Ya me duele tu silencio,
Ya no pisas el albero que pisaban tus zapatos
Nada más caer la tarde en el bar de la terraza

Tu sonrisa la imagino en los cristales del aire
Te pienso y te lloro...
Ya eres parte de los sauces.

¡Maldito bicho!
Te confieso que dueles.
Me dueles y me pregunto:
¿Por qué a ti, mi querido José Mari?
¿Porqué a ti, río inocente de riadas?

Pero a ese covid, que mata como mata,
No lo destruirán las armas
Ni los plomos de las balas,
Lo aniquilará la ciencia
Con el mismo tipo de armas.

¿POR QUÉ TE HAS IDO, MI AMOR?

—A un hombre de sus hijas separado—.

¿Por qué te has ido, mi amor?, ¿por qué te has ido?
Nuestros pollos no han volado,
Aún les falta plumaje, y el nido está muy alto.
No permitas, mi amor, que su vuelo sea un desastre.
Vuelve, mi amor, ¡por favor!
Si tú estás, será todo diferente,
Se lanzarán desde el nido con la confianza de volar,
Volar, como hacen las águilas, mojando sus pies en la orilla del mar.
¡Yo no cuento, mi vida! Si regresas, seré un pelele a tu sombra,
¡Te lo juro!, seré el payaso que tú quieras encontrar,
Seré el felpudo de tu descansillo, al que pisoteas sin mirar.
Aún me queda tu perfume,
Y por esa pizca de olor, en mis desnudas manos,
Saldré a buscarte por las calles como un sabueso de amor.
No te importe el qué dirán.
Si me humillas, si me insultas o si no me quieres ya.
Todo eso, vida mía, como que me da igual.
Soy un castillo en ruinas,
Donde los humildes pájaros sólo van a defecar.
Sin ti yo ya no soy nada. No te importe, mi amor,
No te importe regresar.
Quiero que planeen contigo,
Que descubran la belleza de un horizonte en llamas,
El viento a favor o en contra, las salinas del mar.
Hazlo por ellas, mi amor, hazlo por ellas,
Y que sean un día lo que soñamos tú y yo:
El desorden ordenado de la naturaleza.
El beso caliente del abuelo, la paz interior.
¿Por qué te has ido, mi amor? ¿Por qué te has ido?

¡NO QUIERO TU DINERO!

No quiero tu dinero, quiero la paz.
No quiero cadenas que me hagan temblar.
Tú que las creaste, arrástralas.
No quiero tus joyas, tus coches de lujo, quiero la paz.
No quiero tener en el desván de mi casa
Monedas brillantes que muevan con pala mi dignidad.
No quiero ofrendas en los altares de la falsedad.
Yo quiero otra cosa... ¡Quiero libertad!
Quiero sentir la dicha confusa de un vagabundo más.
Quiero sentarme alrededor de una hoguera
Perdida en el campo, y escuchar latidos de libertad.
Quiero una mano que coja mi mano con aires frescos de humanidad.
Quiero recorrer las calles sombrías de mi ciudad
Con la mochila repleta de libertad.
No quiero tu dinero, quiero la paz.
Tu maldito dinero no me hará cambiar jamás.

¡AYER ME ACORDÉ DE TI, INDIGENTE!

Dejó su historia en el pueblo para ser un indigente.
Cogió una mochila de pana, mil pesetas arrugadas
Y a su perro, Teniente.
Solo llevaba en su mente el placer de ser libre
Y olvidarse de la gente.
Fue por el mes de agosto cuando llegó a la ciudad
Para vivir bajo un puente.
Rebuscando en la basura encontró los enseres más pudientes.
De cartón hizo su casa con ventanas, dependientes,
Por donde miraba a la luna, amiga confidente.
De una horquilla de palo,
Se fabricó una guitarra con cuerdas de cabetes.
Con tan hábil instrumento
Cantaba por bulerías a su perro, Teniente,
Y el estribillo decía:
— ¡Qué cabrón fuiste, Teniente,
Te measte en el pan, pero te jodiste, me lo comí caliente! —
A su mísera estancia
Acudía alguna gente, admiradores, curiosos,
O, tal vez, la bandera de almas, almas muy sufrientes,
Arrojando un mendrugo de pan sobre el pobre indigente.
Solo te vi una vez, pero esos ojos vidriados
Se me quedaron grabados como un puñal en mi frente.
Una tímida lágrima, descolgada por el rabillo del ojo,
Parecía ostentar la belleza impoluta de la libertad inminente.
Pero un día el sol atroz del verano quemó sus meninges, ¡murió de repente!
Nadie te llevó flores, nadie le escribió un poema al humilde indigente.

Su epitafio fue sencillo,

El gemido de su perro, con signos de dolor y muerte.

Yo pregunté a mi Dios, si para todos existen las cábalas de olvido,

Y no supo contestarme... ¡Vaya mundo en que he nacido!

—Ermita del Santísimo Cristo de la Misericordia—.

SE MURIÓ A GUSTO

Se murió dejando las cosas hechas,
Como se hace un cocido a fuego lento.
Había hecho el bien en la vida.
Había disfrutado de los pequeños momentos.
Se había quitado la corbata apretada,
Esa corbata que aprieta, como aprieta la vida.
Se sentía tan feliz en su ego,
En definitiva, dentro de su pellejo,
Que no escuchaba las voces amargas del ambiente que le rodeaba.
Era dueño de ensueños,
De amaneceres brillantes,
Perfectos momentos que alocaban su día,
Su vida llena de recuerdos.
Frotaba sus arrugadas manos,
Predispuestas a una cálida caricia.
Vivió, sufrió y amó,
Como aman los peces la pecera
Que hacen de su cárcel un mundo diferente.

...Pero aún vivió.
Vivió de sus recuerdos,
Como viven los pies atrapados en el fango vil de la memoria.
Hizo bien y fue compensado,
Su vida de hechos, lamina de perfumen en jardines de helechos,
Evocaciones, sensaciones bellas de hacer el bien
Con ese corazón ancho que le invadía el pecho.
Y vivió con el placer de querer y, humildemente, de estar vivo,
Aunque tuvo que llorar y sufrir las guerras internas que le comían

...Y así, la muerte dio fin a su vagar, simplemente a gusto.

LADRONA DE SUEÑOS

Recopilaba en su mente las frases más hermosas de los diarios.
Robaba los sueños escritos de los pensantes
Y, como una escritura sin notario ni papel,
Los ponía a su nombre.
Su ego febril repuntaba por encima de los campanarios.
Carecía de ideas propias y de alguna manera tenían que actuar
Para alimentar su ego.
Pero el hielo explotó en su pecho,
Colmando de ruinas su esperanza.
Piensa, lucha, habla por ti,
No seas un globo hinchado en el aire,
Lleno de vanidad necia y pedante.

MES DE ENERO

No me quiero dormir sin disfrutar de tu día, mes de enero.
No quiero despertar de este sueño de heladas marquesinas.
No quiero abrirme a la primavera,
Ya estoy mulléndome en mi lecho de hojarasca de encina.
Permite mi estado de embriaguez continua en el remanso del río
Con hojas de cipreses y árboles desnudos.
No necesito los flujos del sol penetrando en mis mejillas,
Solo un poco de aire para respirar
Y un trozo de cielo de tus antípodas.
Sé que no te voy a encontrar en nada, mes de enero.
Porque miro mis pies y no sé dónde pisan,
Porque miro mis manos y están inertes en el hielo de tu espalda.

CARTA DE OTOÑO

Querido otoño,
Este año te espero,
Aún con más ganas que nunca.
Se me ha hecho largo no tenerte pronto.
Tu compañero, agosto,
Nos ha mandado un buen regalito,
Lo ha agostado todo,
Y tú sabes que yo vivo del campo,
Se ha llevado el trigo en breve,
La aceituna tiene arrugas de abuelo,
Y el olivo, carente, presenta un aspecto
Amarillo de chino limonero.
Pero has llegado tú, con tus riegos de sabia
Y tus colores ocres deslumbrando sentidos.
¡Ay, querido otoño!
Tú, desnudas y mojas.
El que abre el pecho a la melancolía,
Dejando el poso del amor de tardes candentes,
Tardes largas para pensar,
Contemplar las triples curvas de tus arroyos bebidos.
Deja que me empape contigo,
Que mi corazón, como el campo,
Mande sangre nueva a mis cinco sentidos
Y, al unísono, cantemos una canción
De amor a lo vivido.

SE VAN LOS MÁS JÓVENES, MADRE

En un éxodo masivo, como palomas heridas, se van de esta tierra, madre.
Se van el talento y la risa, miran nuevos horizontes.
Aquí se quebró el sentido, ya solo quedan esporas de una tierra que arde,
Y criará musgos la casa que proveyeron sus padres.
Marchan ya despavoridos, aquí solo esperan hambre.
Sus recursos agotados y la lucha constante,
Les invitan a bailar en la esquina de otro baile.
Hartos de llamar, les confunden su destino con frases amables,
Ventanas cerradas y puertas que no abren.
...Y al final emprenden su vuelo incierto
Con maletas de ilusiones y lágrimas de sangre.
El sol se puso en silencio,
Las hojas lacias del brezo cayeron la misma tarde,
Y el murmullo del vecino, descolgado entre jarales,
Le comentaba al compadre: ¡Aquí no va a quedar nadie!
¡Pueblos de mi Extremadura, que agonizáis cada tarde,
Sacadle punta al cuchillo, que tiene donde clavarse,
No os quedéis en el fango, esperando a que os saquen,
Haced brotar la yerba en la tierra que yacéis,
Que vuelo tienen las grullas y vuelven a donde nacen.
El río ya no está en remanso, podéis conciliar el sueño;
Las vides están brotando, ya solo queda el rastro;
Los abismos deslucidos quedaron en pequeños átomos;
Y se descuelgan del cielo nubes de ancho blanco.
No hagáis honor a los muertos
Que con palabras vacías se fueron,
Siendo jueces y verdugos de un destino que no ha muerto!
¡Volverán los más jóvenes, madre, seguro que volverán,
A esta tierra de pulmón que está cogiendo su aliento!

Ermita de San Isidro: De factura moderna levantada sobre la anterior del Espíritu Santo, de la que se conserva su gran portada de arco apuntado.

PEQUEÑO HOMENAJE A LOS DIFERENTES

¿Qué es poesía?
¡Poesía es un corazón tendido en los pétalos de una rosa
O enredado en sus espinas!

A ese ejército en miniatura,
Que lucha cada día sin armas,
¡Con alma!
A ustedes, que dedican su tiempo a soñar;
A ustedes, seres que aman la cultura y arte,
Dirigidos por un Capitán
Con condecoraciones
De ingenio y ternura,
¡Mi Capitán!
A ustedes, los que pensáis diferente,
A los mal llamados "raros",
Que hacen soñar;
A esos que se desnudan
Cada noche de un jueves,
Como se desnuda un hueso
Lamido por un perro;
A vosotros, los que empezasteis
Un libro sin punto final
Con el estado del alma perfecto,
La permanente sonrisa
Y no hablar por hablar,
Vividores de sueños,
Ocurrentes poetas
Que nos hacen pensar:
¡Qué hermosa la vida!,
¡Qué hermoso el deshielo de la libertad!

Cien años son pocos haciendo vibrar.
Guapos por dentro,
Profundos, como el subsuelo,
Avellanados, como la raíz desnuda
De los árboles en los fríos acantilados.

Conocen la vida desde hace tiempo,
Y susurran canciones de sus momentos.
Vibran, como niños,
Como el sauce erguido,
Y encierran la brisa en sus parpadeos.
Seres humildes, de corazón limpio,
Huracán de emociones,
Virtuosos, sencillos,
Que muestran al mundo
El calor y el frío.

Que muestran al mundo
El calor y el frío.
Al final, DIFERENTES,
A los que siempre he querido.

NO SON TRISTES LOS POETAS

Y me dices que los poetas son tristes,
Y va escrita en su ADN
La sonrisa más profunda del alma,
La intensidad de los mares,
La paz del Universo.

Son plantas de la tierra,
Que cobijan su ser,
Los flujos migratorios de las aves,
El magnetismo de las tormentas,
Y el despertar de las flores.

No me digas que son tristes,
Cuando cantan al amor,
A los atardeceres profundos,
A los bellos acantilados,
A la lluvia, a las aves.

Y me dices que son tristes,
Y me insultas
Cuando así me los describes.
El que canta no está triste.
El poeta canta, el poeta ama.

Su corazón, tendido a las estrellas,
Como un bálsamo de inocentes colores,
Traza la invisible luz
Del olor de los manjares.

Ellos ostentan la paz
Y caminan en silencio.
Solo levantan la voz
Para hablarle de amor al mundo,
A la faz de la tierra,
Para cantarles una dulce canción
A los corazones hundidos.
Pienso, hablo y me pregunto:
¿Qué sería del mundo sin poetas?
A mi conclusión llegué,
Y vi que el mundo no se movía.

EN LA SOMBRA DEL ALMA

Quiero al hombre y a la mujer
Que se levantan por la mañana
Y empapan su piel
Del aire fresco de la madrugada.
Quiero beberme el sudor a chorros
De esa gente que ilustra su tiempo
Con canciones de nana.
Quiero perderme en la sombra del alma
De esos que piensan
Que viviendo se ama... ¡Y no matar la añoranza!
Quiero a la mujer y al hombre
Que se enternecen con el titubeante vuelo
De una mariposa.
Admiro a los que brillan,
Porque su luz inundará
Los paisajes más oscuros de la tierra.
Quiero querer, y quiero,
A esos que liban el néctar de las flores
Y lo derraman en los corazones
De los que perdieron el tren de la esperanza.
No quiero enredarme en telarañas de fuego
De esos que aman la guerra,
Derribando a familias, como se derriba una casa.
No quiero tener la inquina
Del hombre y la mujer en mis manos,
Para no agotar el dulce manjar
De mis ilusiones que vibran.
No quiero beberme la vida
De pensamientos fugaces a borbotones de miedo.
Yo solo quiero vivir para amar
Como lo hacen los pájaros.

NIDO DE GOLONDRINAS

Cuando puedes dar y no das
Te estás hiriendo los sentidos.
Cuando puedes dar y no das
El horror será contigo.
En cambio, si apenas tienes y das,
Brotará en ti el árbol frondoso de la vida.
Si no tienes casi nada y das,
Removerás las frágiles conciencias de las gentes.
Si no tienes casi nada y das
Sentirás en tu interior
Un canto de oración eternamente.

Molino aceitero: Erigido a comienzos del siglo XVIII por el obispo Merino Malaguilla, Debido a su estructura y origen, a menudo, se confunde con un convento.

LOS SEÑORES DE LA GUERRA

Quien levanta la voz para callar a su oponente

No tiene diálogo ni frases ocurrentes.

No debo llamaros señores
A vosotros, que hacéis la guerra,
Os llamaría veneno,
De ese que enturbia las almas.
No sé ni qué nombre poneros,
Porque el nombre que os ponga no llevará una pizca de amor,
Solo dolor y rabia, sinónimo de destrucción.
Sí, os llamo criminales, sí, os llamo cobardes.
Hoy busqué en el diccionario y no encontré adjetivo,
Solo sé que va con bombas, con desolación y manchas,
Manchas en los corazones sin que nadie pueda quitarlas
¿Dónde están tus emociones, las que no se ven con los ojos?,
¿Las que están dentro del alma?
Hoy pienso y me pregunto: ¿en qué lugar de tu mente está el dolor que causas?,
¿En la que piensa o en la que siente?
Creo que han fallado muchas cosas, sobre todo tu sistema límbico;
A ése hay que alimentarlo como se alimenta a un niño con la leche de las cabras.
¿Y Tú, mi Dios? Tú, que miras de otra forma,
Tú, qué haces cambiar los cauces de las aguas,
Tú, qué haces que crezcan las flores y las plantas,
Tú, qué por el Universo cabalgas,
Sé que estás atareado, se te amontonan las causas,
Ilumínalos, Señor, aunque sea por una vez.
Por favor te lo pido, escucha mi plegaria,
Tú, que derrochas amor, no me dejes en la estacada.
Yo te ayudo, Señor, tengo pico y pala,
Las llevo en el corazón para apagar esas llamas.

CUANDO TODO TERMINE

Cuando el odio y el ego
Terminen de la faz de la tierra,
¡Seremos libres!
Comenzará una nueva era,
Repleta de esperanza.
Nos habremos quitado de encima
La camisa mojada
Y el constipado eterno
Que perturba la vida.
Cuando los sentimientos afloren
Al rechazo de la injusticia
Y el alma se haga cargo
De la música del corazón.
Sólo nos quedará pensar
Que un grano de arena
Supervive a los humanos.

Y ME LLAMAN CATETO

Soy del campo, de pueblo, y extremeño,
Y me llamas cateto.
Me llamas cateto, ¿por qué amo las flores?,
¿El canto de los pájaros?,
¿Los atardeceres rotos?, ¿los bellos colores?
Me llamas cateto porque susurro a las hormigas,
Hablo con los árboles,
Amo la tierra, como si fuera mi madre.

Yo apenas entiendo de normas sociales,
Cadenas que arrastran los condicionales,
Amo la cultura, como amo el arte,
En mi forma y estilo, como lo hicieron antes.
Soy de pueblo pequeño,
En donde nació la gente más grande,
Poetas, pintores, novelistas y actores,
Y si me apuras te digo... ¡Sencillos cantaores!

Soy planta de mi tierra,
De raíces curtidas por el sol de mis mares,
De ancestros terruños,
Como el acebuche, la encina o el alcornoque.
Extremeño y convencido,
Discurriendo el pasado por la sangre en mis venas,
Como corre el regato al hacer la tarde.

Y me llamas cateto,
Cuando esto que te escribo, no te dice nada.
Que Cicerón te explique,
Si las cosas del campo no tienen colores.

—© AMALIA MANGAS DURÁN—

ME GUSTARÍA SER ENCINA

Mi madre, la Naturaleza.
Mi padre, un roble en la cuesta.
Y a mí... ¡Me gustaría ser encina
Para acabar con los mitos de esta triste sociedad!
Tus ramas serian mis brazos,
Tendidos en un desván con visitantes complejos,
Jilgueros de febril celo...
Y en tu cúpula de amor, garcillas despavoridas,
Zorzales desorientados del largo viaje desde el sur.
Daría cobijo indulgente a los que me quieran matar:
Al cerambic taladrante, a la fitoctora insonora,
Y al hombre que con su hacha afilada,
A golpes de carcajá, haría fuego con mis ramas,
Pa´ poderse calentar.
Y mi sombra, color de noche,
Sería testigo de tratos, tratos sin cobertura, mentiras, fantaseo,
Solo un apretón de manos daría por concluido,
Como aquel juicio final.
Tu tronco con sus raíces profundas,
Como profunda es la mar,
Desafiante y seguro, ¡no habría huracán que me doblara!
Me parió la Madre Tierra, ¡no me podrías doblegar!
Pero en años tan convulsos, y de incertidumbre total,
Me vería un tanto deprimida.
Me faltaría el agua.
Me agobiarían las largas horas de sol.
Estaría perdiendo las hojas.
Estaría perdiendo el color.

Desde mi enorme dolor
Haría una llamada en serio y alzaría mi humilde voz
A científicos, políticos, al carbonero egoísta,
O piconero zorrón.
Como no pongáis remedio, morirán mis compañeras,
Los pequeños chaparros y yo.

CAMPESINO LABRADOR

Campesino y labrador,
Como lo fueron tus abuelos,
Como lo eres tú;
Amantes de la tierra,
Terruños con honor.
Corría la tarde de un mes de noviembre,
Enganchabas el arao,
Donde la tarde antes lo habías dejao,
Y, como atleta de fondo,
Una y otra vuelta
Agarrao a las manceras
De aquel viejo arao.
Crujían las piedras de los sentimientos,
Del escoplo afilao,
Y cantabas canciones de cuna
A la escasa semilla que habías plantao.
Miraste hacia el sol, y por la postura
Eran ya las dos, inequívoco reloj;
Soltaste las mulas, con amable fervor,
Nobles compañeras de la lucha,
Al unísono, viejo labrador.
Con manos temblorosas,
Ardiendo, como el carbón,
Abrías la fiambrera de la desilusión:
Solo tocino y morcilla,
Y muchos papeles que hacían de colchón.
Hambre,
Te quedaste con hambre, viejo labrador.

Por tu frente arrugada caía, como lágrimas, el frío sudor
Que empapaba la tierra
Como el leve chubasco de la ilusión.
De postre, un hinojo seco
O un agrio acerón,
Manjar de los señores,
Viejo campeón.
Amainaba la tarde,
Y, por los mismos pasitos
Que el día anterior,
Te metías en la cama,
Que era de jergón,
Y te sonaban los huesos,
Como un esquilón.
Como no dormías, del horrible dolor,
Contemplabas las estrellas
Y la tímida luz que entraba
Por las cañas podridas de la habitación.
Y soñabas con flores,
Con bellas mujeres,
Viejo labrador.
Y como todo en la vida
Tiene su compensación,
Cuando te vayas p'arriba
Y le cuentes a San Pedro
Lo que has hecho tú,
Te abrirá las puertas del cielo
Y doblarán las campanas en tu honor,
Viejo labrador.

—© PEDRO CASTAÑO GALLARDO—

JORNALERO DE ESPUMA

Otra jornada del mes de enero...
Sus agrietadas manos, impulsivamente,
Abrazaban la fría tijera
Que cortaba las ramas del viejo olivo;
No sé si con rabia
O con algún destello de honor a su fachada.
El frío intenso lo modulaba
El tarareo de una hermosa canción
Que de su pecho escapaba.
Yo lo entendía poco, sólo sé que decía
Algo de hijos y esperanza.
Había cumplido ya los sesenta y sus huesos,
Atrincherados en la carne mullida,
Le pedían a gritos un bebistrajo calmante
Para terminar el día.
Corredor de fondo, musa del destino,
Deja que me meta en ti, ya soy presa de tu vida.
Mañana te saldrá jornal, habrá alegría en las tiendas,
Los pichones comerán y el vuelo azul del descanso
Solo quedará en los recónditos humus de tu memoria.

OLIVO Y ACEITE

Me crié bajo un olivo,
Como lo hicieron mis padres,
Más salvaje que una liebre;
Me amarré a su bella cultura,
A ese diamante verde,
Y me impregne de su aroma,
De su fruto oro y verde,
¡Es aceite nada más!
Pero su brillo y su aroma me hicieron despertar...
¡Tocaron lo más profundo de mis órganos sensoriales!

Suave, como la culebra,
Te deslizas por los platos como una adultera amante.
Tu paladar emociona
Y con un cachito de pan fuiste causa de no al hambre.

Jesús se ciñó en tu cruz.
Origen de amor, madera de olivo,
Artesanos pensadores para amarrar el dolor,
¡El símbolo y la sangre!

Hace unos años atrás
Difamaron tus placeres,
Producías colesterol y problemas vasculares.
Caso omiso hizo mi madre,
Pan y aceite para todos,
Como lo hacía cada tarde.

CURIOSA AMALGAMA

Idelfonso, hombre de aspecto tranquilo,
Corpulento, y un tanto doblao por la anatomía de su espaldas,
Ojos pirriosos, bañados fríamente por una lluvia de lágrimas.
Corrían tiempos tenebrosos y había que alimentar los polluelos de casa.
Trabajador a medias, de escasa sonrisa,
Pero, cuando en su rostro afloraba, parecía ostentar toda la paz de la tierra.
De profesión, honrado, que guardaba en su ser como su más bello tesoro.

Joaquín, hombre de mirada penetrante,
Empresario de cuna, condición de látigo,
Que enhebraba sus sacudidas contra el fiel Idelfonso,
Como sacude el rabo del burro las irritantes moscas de sus partes más nobles.

Curiosa amalgama de dos hombres.
Uno, rabo, otro, mosca.
Yo desde fuera, perceptivo y observador desde niño, pregunté a la Biblia:
Mi padre, ¿por qué trabaja con él, siendo tan desarropao?
Y la Biblia con voz suave y tranquila me contestó:
— ¡Es honrado, hijo! ¡Porque es honrado!
¡Y la honradez mitiga la ira del desearropao!—.

CARTA DE UNA MADRE AL HIJO QUE SE FUE

Naciste con barro,
Con las uñas más negras
Que los cuervos,
Como las nubes rotas
En los atardeceres.
Brillaban tus ojos,
Como brillan las hojas
Del acebuche mojadas.
Fue un año glorioso,
De abundancia de flores,
Y corrían los regatos,
Como corría la tarde.
Abundante era el trigo,
Abundante la leche
Que daban las cabras,
Que caía por tu boca,
Como copos de nieve.

Comenzaron los sueños,
Y a germinar la semilla
Que me plantó tu padre.
Entrelazados, fundimos
Un lecho de amor,
¡Tú, yo, la tierra y tu padre!
En tus pasos confusos
Ya apuntabas maneras,
Escuchabas la lluvia
Y el croar de los ranos.
Cuando caía la tarde.

—© ANTONIO GAMERO SEVILLANO—

¡Qué amor inspiraba aquel chozo!
¡Qué paz afloraba en la mesa y sillas!
¡Qué bellos momentos vivíamos,
Junto a las brasas cuando hacíamos las migas!
Allí, sentimos juntitos,
Allí, fraguamos los sueños,
Junto al pan, la lluvia y las migas.
Allí, empezaron tus amores,
En aquel chozo baldío.
Allí, donde no eras casi nada,
Donde no eras casi nadie,
Te colmaste de ilusiones,
Con las mulas, el huerto y las cabras.
Allí, se iba gestando un poeta,
Un humilde campesino.
Tal vez nada, pero bello... ¡Tú mismo!
Y, de un día para otro,
Te fuiste como la brisa,
Sigiloso, como la culebra,
Dejando la camisa
Enjugada y cortada
Sobre la puerta trasera.
Me tiemblan hasta las piernas,
Se me está desgarrando el alma,
Te vas, dejándome un hueco,
Ese hueco que me causas,
¿Y qué va a ser de nosotros
Sin mi Juan, sin mi amor, mi calma?
¿Qué podemos hacer sin ti?

—© ANTONIO GAMERO SEVILLANO—

¿Qué lluvia de encendidos colores
Puede calmar nuestra sed?
¡Sed de ti, Juan, sed de ti!
¿Quién te hizo mal pensar?
¿Quién rebuscando en tu seno
Te ha podido transformar?
¡Me da que ha sido una tormenta!
¡Me da que te sientes mal!
¿Cómo puede ser que un hijo,
Donde tenía la paz,
Cambie el chozo por húmedos hoteles,
Por esquinas vacías y charcos de ponzoña,
Sin vamos y sin ná?
Ahí, no son como nosotros,
Ahí, van a lo que van.
Enfundados en los trajes,
Removidos por dentro y, tal vez,
Con muy poquita humildad.
Ahí, donde tú estás,
Es donde llevan a los padres
Que, heridos como los lobos,
Casi no pueden andar...
A esos sitios de terror,
A esos sitios vacíos,
De rincones congelados,
De falta de humanidad,
Ahí, donde no existe el amor,
        Donde ni un solo resquicio de él
Entra por la oxidada ventana
Para abrazarse a su Dios.

San Isidro Labrador: Patrón de los agricultores y de los vecinos de La Torre de Miguel Sesmero:

Aquí, mi querido Juan,
Como tú sabes muy bien,
Nos tomamos los yerbajos
Que pa eso la sierra los da,
Nos besamos, nos mimamos,
Nos jactamos de la risa
Y lloramos al compás...
Y enterramos a los muertos,
Como lo hizo tu abuelo,
Como lo hizo tu padre,
En armonía, silencio y paz.
Vente a tu tierra, mi niño,
Que, la tormenta de antaño
Muy lejos estará ya,
El trigo tiene colores,
Las cebas están preñas,
Las mulas y la huerta
Suspiran por verte ya.
Que saben esos de ná
Del injerto, de la poda,
Y del mundo en general.
¡Ay, Juan, querido mío,
Lo que me haces pasar!

BARÓN

Todo estaba en calma, solo una brizna de aire
Se descolgaba suavemente de la sierra con tu voz febril,
El relincho sutil de la belleza.
Caballo, al que de nombre puse Barón.
Elegante, impetuoso, con aroma de macho, fornido emperador.
Respiraba el olor a hembra y temblaba la yerba.
Como tiembla la escarcha al sol.
No le importaba el color, ni la talla, ni la especie,
Solo el olor a hembra, ¡le temblaba el corazón!
Fui tu jinete de paja, tu burla, mi desazón.
Cuando iba en tu grupa no era más que un mero espectador.
Le hacías guiños a las ovejas, a las burras,
A la luna por llamarse Luna,
Y eras indiferente al sol solo por llamarse Sol.
¡Lusitano habrías de ser! ¡Talla de noble estirpe!
Plano en el amor, romántico en tu cultura,
Apasionante figura de un caballo
Al que de nombre puse Barón.
Tu nobleza era infinita, por eso te vendí llorando,
¡Belleza de la creación!
No me deshice de ti, como se deshace un pájaro
De la pluma que no le sirve en su vuelo, no,
¡Te vendí por poco dinero!
Porque hasta el crítico día de montarte en el camión
Le echaste encima tus cascos
A una vieja señora que te vino a despedir.
Mas aún me embebo en tu recuerdo.
Por eso, cuando tenga dinero,
Volveré, otra vez, a por ti,
¡Porque te echo de menos, Barón!

EL TORO DE MI VIDA

Amanecía en la ribera, era por el mes de enero.
Se escuchaban, no muy lejos, el bramido de las vacas,
Llamando a su toro negro.
Era un día muy frío.
La escarcha de manto blanco cubría las adelfas del río.
Y a lo lejos, más allá de las cumbres,
Asomaba un tímido rayo de luz que serpenteaba
Entre las chaparras de las viejas encinas.
Allí, en ese lugar, vivía con su harén el toro.
¡No nos quisimos matar!
Tú, con tus armas, incisivo.
Yo, con cinco cartuchos en mi escopeta nueva,
Nos miramos a los ojos como se mira el espanto
Entre un animal, toro, y un hombre armado hasta los huesos.
Fueron momentos de pánico.
Te brillaban los ojos, como brillan los cristales
En los campanarios nuevos.
Y a mí me temblaban las carnes, al ver tus ojos tan negros.
No había visto tan de cerca belleza más pura
Que la que vi en aquel momento.
Se activaron nuestras mentes a la velocidad del rayo
Y pensamos, al unísono, ¿lo mato o no lo mato?
Saliste de entre las matas, como un conejo inmenso,
Todo vestido de negro.
Me pinchaste por la ingle, como se pinchan las uvas
En los restaurantes buenos.
No me querías matar, lo aprecié al momento.
Me llevaste en tus horquillas, a no menos de diez metros;
Me llevabas con orgullo entre tus pitones negros.

Pero afloró tu nobleza,
Y me dejaste caer entre la blanquecina escarcha,
Fría como el mes de enero.
Mi sangre, color púrpura, mojó la yerba del suelo,
Corría por mi pierna a borbotones de miedo.
Te fuiste galopando con el cuello levantado...
Allí, salió tu bravura, que ya quería pinchar carne humana,
Una junquera, o hasta el sonido del viento.
Pero no fue lo más grave, hombre y toro se entendieron,
Pero aquí comenzó otra historia, donde se ve a los hombres,
A los malos y a los buenos.
Yo estaba tendido en el suelo, oprimiendo el agujero
Que tú me habías dejao con esos cuernos tan negros.
No sé como en ese momento, entre dolor y ternura,
Me salió la voz del cuerpo,
¡Vete, vete! —Le dije a mi compañero—
¡Que el bicho está emberrechinao
Y va a matar a to el que a su paso se encuentre!
Levanté más la voz... ¡Vete!
El compañero asustao, propio de aquel momento,
¡Cómo te dejo aquí, tirao como un perro!
Titubeante se fue, gritando a los cuatro vientos,
¡Corred, corred, que viene el toro!
¡Que el bicho viene espantao y tiene ganas de duelo!
No pasaron ni tres minutos, y yo tumbao en aquel suelo.
Solo me alivió el dolor, mi perro, que lamía mis pestañas,
Cubiertas de barro y hielo, y un gemido embriagador
Que me servía de consuelo.

Detrás de las adelfas, como una sombra chinesca,
Apareció aquel hombre, el dueño del toro,
Y con voz altanera y potente preguntó:
—¿Qué ha pasao? —
Lo que tenía que pasar, el toro,
Como dijimos, no lo tenías encerrao.
Su respuesta fue inmediata:
—¡Yo lo tengo asegurao!—
Y dando la media vuelta, en su caballo ensillao,
Con reliquias de colores y un corazón amargao,
Dejándome como un trapo, un trapo de sangre empapao.
No me mató el animal,
A mí me partió el alma la falta de humanidad.

Me encontrarás en cualquiera.

Soy partícula de ceniza que expande el aire

A cualquier corazón que lo necesite.

EL MERCADILLO DEL AMOR

Pasen, pasen, señores, recojan aquí el amor.
Pueden llevarse lo que quieran.
Es gratis, no cuesta nada, generoso es el amor.
Pase usted, señor,
Puede llevarse un saco o dos,
El de la mochila ya se lo acerco yo,
No pesa nada, lléveselo para su suegra,
Para su mujer o para el vecino criticón,
Él no entiende de colores,
Es daltónico,
Pero si se lo das como el aire mucho mejor,
Tiene forma así, como te diría yo, parecido a un corazón,
Con el sexo va de lujo,
Te relaja, te emociona y hasta te estira la piel,
Puedes llevártelo fuera, no necesita carnet.
Mire, usted, yo lo llevé un día a Alemania,
Marruecos y Estambul,
Y también lo practicaban,
¡Qué bonito es el amor!
Ah, y tiene acciones terapéuticas,
Se duerme como un lirón.
Puede estar entre los árboles,
En el vuelo de las golondrinas
E incluso en el viejo colchón.
De este amor que yo te hablo,
Es ése, el del interior.
Y aunque hay otro más barato,
Ése que mancha las aguas,
A ése, a ése no lo quiero yo.

SENSACIONES

Tú, que has recorrido el planeta,
Y tienes la sensación de que todo lo has vivido,
Tú, que has dormido, o no dormido,
En las mejores camas de los mejores hoteles del mundo,
Tú, que escuchaste y bailaste una salsa en el Malecón de la Habana,
Tú, que te bañaste en el Mar Negro y mimaste las olas como nadie,
Tú, que paseaste cogido de la mano de tu amada por ese puente,
Carlos de Praga,
Tú, que te pusiste las ropas más elegantes de todas las ropas,
Y viajaste con un Rolls Royce por las calles del infinito.
Tú, que despertabas cada mañana en una cama con sábanas de seda,
Aire acondicionado...
Así y todo, creo que te has perdido, o te estás perdiendo algo,
Si no has hecho el amor con amor en el pajar de una casa abandonada
Y que la paja, enredada en tus greñas,
Delatara tu emotivo acto,
¡Te has perdido algo!

Si tus zapatos, brillantes como los ojos de un búho,
No se han llenado de barro,
De ese barro enfangado, que mil historias contaron,
Creo que... ¡Te estás perdiendo algo!

Si no escuchaste la voz del vaquero,
Desgarrada y mezclada con el viento,
Para ti no será nada...
¡Para mí, un lamento!

Si tus manos, finísimas manos,
No se llenaron de tizne, como las de un carbonero,
Y no sientes el croar del sudor en tus chanclas rajadas...
¡No habrás gozado tanto!

Si no te has despertado en el suelo del campo
Con una manta arrugada
Junto al sonido musical del dolondón de los cencerros...
¡Te has perdido algo!

Si no escuchas el silencio de la mujer que te ama
Y que, en vez de mirar a través de los visillos de las ventanas de los apartamentos,
Te mira desde un barbecho con ojos calenturientos...
¡Te digo que no has vivido y que aún estás a tiempo!

MI EQUILIBRIO

Intuí que la iba a querer
Desde el primero momento.
Para ella,
Corté las flores más bellas que encontré en el campo
Y sentí en mi pecho
El manjar del equilibrio perfecto,
Y puso la cuña en mi azadón,
Para que no se moviera nunca.
Y quedó en mí un halo de amor,
Como la quietud de una roca.
Aprendí de ella
Que la naranja no es solo naranja,
Sino que tiene el néctar del tiempo.
Ella velaba por sus espacios
Y yo me moría por tocarlos.
Era de las que solo hacen el amor por amor,
Y de otra forma que se lleva el viento.
Soy un copión de tus ocurrencias.
De hecho, escribo mis cartas
De lo que aprendí con ella.
Perdóname si, en este contexto,
En algún momento te he ofendido...
¡Hágase por el dolor de un pájaro herido!

Angase
10-3-16

BELLEZA

Bamboneaban sus pechos al compás,
Al paso salteante de los gorriones.
Sabía que eran monumentos de piedra,
Sin quiebro alguno que al abismo los cayera.
El cuerpo, con sus curvas entornadas,
Parecía ostentar la belleza de la noche.
El balanceo de sus piernas de centeno
Ninguneaba la viva espiga de su cuerpo.
Y la mirada de mis sentidos
Se ocultaban tras sus pestañas...
¡No he visto belleza más pura!
Es de esas que se alejan en la distancia
Sin dejar de ver su figura...
¡Me muero por tenerte cerca!
Y si algún día más te veo,
Espero verte de la misma manera,
Y si alguna vez me pierdo buscándote...
¡Qué me pierda en el mar, cómo hacen las olas!

SUEÑOS

Por la noche sueño contigo
Y, al despertar, veo que es mentira,
¡Qué no estás!
En mi alucinante sueño
Pienso lo que te voy a decir,
¡Pero no es así!
Cuando te veo tan dueña de ti,
¡Sólo sé temblar!
Por favor, apiádate de mí,
Porque ahora sé,
Que sólo en sueños puedo acercarme a ti.
Solo te pido las ascuas de tu candela,
¡Para sobrevivir!
Y si algún día se ponen de lado
Las cartas del destino,
No te olvides de mí,
¡Qué siempre estaré aquí!

VOCES

Parten de la dicha de todas las palabras
Voces con ternura de cristales,
Ramas secas de árboles
Que con el viento sus crujidos alzan la voz,
Voces de perros que, atados a una estaca, expresan su dolor,
Voces que adulan los recuerdos con prisas para el amor.
Hay voces con hambre de justicia,
Que se apagan como el sol,
Voces de puertas de cárceles
Que gimen con sonidos torpes
Manifiestos de dolor...
Existen voces que conquistan,
Se amarran a los pétalos rojos del corazón,
Voces que en la lejanía distingues
Y con el flujo del viento penetran en tu interior.
...Y yo me enganché a tu voz,
Como bueyes amarraos a las cangas
Con sogas de nudos retorcidos
Y el polvo de un camino atroz.

AMOR SIN ACCESO

Te estoy queriendo,
Como no he querido nunca.
Te estoy queriendo a chorros de sangre
Y tú ni te enteras.
Dime tú, que tienes experiencia,
Tú que has viajado, incesantemente,
Por las curvas del amor,
Dime, cuál es el destino
De tu amor fugaz,
Aunque sé que nunca podrás decírmelo,
Porque nunca tendré acceso a ti.

CUANDO TÚ ME QUIERAS

Cuando tú me quieras,
Seré el arquitecto de tus ventoleras.
Construiré nuestro nido
En lo alto de la torre,
Como hacen las cigüeñas.
Cuando tú me quieras,
Te cantaré mis canciones
Y me leerás tus poemas.
Cuando tú me quieras,
Te llevaré en palio,
Como se lleva a una virgen,
Ocultándole al viento de mi ceguera,
Y soñaremos con hijos
E iré tranquilo a la guerra.
Y cuando yo vuelva,
Acribillado a balazos,
Apenas sin vida,
¡Tú serás mi enfermera!

A ESCONDIDAS

Nos estamos queriendo a chorros de espuma
Y nadie lo sabe.
Tu terreno es vedado,
Y mis candaos son de china,
Pero cuando escucho tu voz,
Que se va por la esquina,
Te busco como un loco
Que no encuentra medicina.
Me he acostumbrado a quererte
De esta forma fugitiva,
Porque, si no fuese así,
Moriría al otro día.

—Torre del Convento—

CUANDO ESCUCHES MIS PASOS

Cuando escuches
Que mis pasos se acercan a tu cama,
Deja que me duerma
En la sombra
De tu encina callada.
Y, en ese confuso paisaje
Del color de tus ramas,
Construiré un nido de amor
Con fusca que recogí en la montaña.
Y ni los vientos del sur
Ni tu sabia callada
Destruirán la nacencia
De nuestra pollada.
Cuando escuches
Que mis pasos se acercan a tu cama,
Ábrete en canal que es muy de mañana.

DESEOS

Quiero bañarme en la desnudez de tus pasos,
Para que el sudor no sea confuso
A tu riego incierto de primavera.
Quiero libar el borde de tus labios,
Cubiertos de lágrimas,
Lágrimas pulidas en el mar de las sensaciones,
Descolgadas de la brisa.
Quiero ser el pámpano de tu azucena,
Vil contraste de las marismas,
Enhebrar la aguja candente de tu mirada
Con la piel oscura de mi frente.
Seremos, atrapados por los ojos de la luna
Que adulan los pasos fogosos de los amantes…
Y yo seré para ti, ¡escarcha y luna!

BESO LARGO

El beso enjugaba el tormento de tu espiga.
La vanidad lo destruía lentamente.
El alma preveía la lluvia que caería en tus adentros…
Mas, cuando el cielo arruine la penumbra de la tarde,
Yo te daré otro beso.
Pero déjame escurrirme en tus labios de arena,
Quererte como quieren las fieras,
Porque, de esta forma,
Voy a volverme a enamorar,
Aunque tú sólo sepas la mitad
De lo que acontezca.

SIEMPRE LOCO

Enloquecí una mañana de lunes,
Porque creí que me estabas mintiendo.
Enloquecí una tarde de martes,
Porque te dije adiós y no me contestaste.
Enloquecí una noche de miércoles,
Porque tus ojos miraron unos ojos delirantes.
Enloquecí un jueves elocuente,
Cuando tu boca y mi boca contaron
Las estrellas más bellas del universo.
También enloquecí el viernes,
Pensé que te ibas con otro,
Y ese día fueron dos veces.
El resto de la semana enloquecimos juntos,
Y me dijiste: — ¡Te Quiero!—.
¡Y enloquecí para siempre!

SOLO QUERERTE

Te quiero a borbotones de alba,
A risa de bebé mullida,
A verso de tu mejilla.
No puedo quererte más,
Me duelen hasta las uñas.
Este amor tiende a matar…
¡Me pongo abrigo y me desnuda!

—© MARIBEL BAZAGA ZAMORA—

ELLA

—A Filomena—.

Es humilde teniendo cuanto tiene.
Es bella por dentro, como los albaricoques,
Y por fuera compite con los rayos del sol en los atardeceres.
Nunca tuvo dueño, viaja en su pecho
La euforia de una adolescente.
Ni es mayor ni es joven, ¡le es indiferente!
Su corazón tiene forma de rueda de molino
Y cuando rueda, acaricia, no aplasta.
Sólo sabe querer y dar amor.
Está más allá del infinito,
Por eso su forma de amar no se entiende.
¿Qué puedo hacer si ama de esa forma tan diferente?

¡Sí, me enredaré en la noche de su pelo
Y, como un topo hambriento,
Haré en ella mi madriguera!

MI DUEÑA

Tú eres el cuchillo y yo soy la carne,
Córtame por donde quieras
Que no voy a echar ni una gota de sangre

Tiene forma de agua...
Vive entre los escombros de mi mente...
Y finge ser el barro de mis charcos de seda.
Duerme en la ternura de un sueño inalcanzable,
Donde el fantaseo nubla la pupila de los mares de cuerdas.
Fue tan corto su amor, fue tan grande el derribo,
Que no me queda camino más allá de tus ojos...
¡Ella es mi dueña!

Yo sigo viviendo en las entretelas de su vestuario.
Cuando respira, suele llevarse el carbono de mis arboledas,
Regando mi piel con un aguacero de mentiras de guerra...
¡Ella es mi dueña!

No tiene voz, sólo finge cuando mira,
Cuando su pupila ardiente nubla
Los campos tristes de mi ternura.
Deja que me calle,
Sólo quiero besar tus labios de purpurina,
Viajar en el silencio del tren de tu dulzura,
Y permíteme que goce en sueños
Del bamboleo de tus pechos de aceituna...
¡Ella es mi dueña!

...Y yo soy el luto de tu despedida.

NO ES UN SUEÑO LO QUE VIVO

Abundante en amor,
Elocuente sonrisa,
Mariposa blanca que recorre
Los campos desafiando la brisa,
Polen de espigas
Que amaina en los puertos
De tu color de aceituna,
Alegría desbordante
Que adulan las musas
De los escaparates.
Bella por fuera,
Sutil y frágil por dentro,
Misteriosa belleza que
Aman los poetas...
Qué se cumplan tus sueños
En cada aniversario
Y nosotros, fundiéndonos contigo,
Gozaremos por mil años
De tus encantos.

NO TE IMPORTE

Si la brisa ensucia tu pelo
Y el gavilán del tiempo
Arruga tu cara,
No llores, mi amor,
Yo tengo herramientas
Para limpiarlas.
He seguido la estela
Que dejan los años
Y he vivido inerte en la faz de tu pupila.
He aprendido a amar,
Como aman los árboles,
Y a refugiarme, como un lobo,
En tu guarida de seda.
No salpiques nunca mi alma de barro,
Que la mecha ya está encendida.

AHORA

Ahora que sé que estás,
Te palpo en mi cama,
Conozco tu pulso
Y el olor de tus ramas....
Ahora que duermo en tu pecho
De llanuras de alba,
Me dices que te vas,
Que se apagó la mañana...
Enséñame tú a querer de otra forma,
Porque de esta forma
Se me pudre el alma.

CLAVE DE TI

Todo mi tiempo lo ocupas tú.
Tienes el alma llena de cosas prohibidas.
No me puedo ir
Sin averiguar la clave Íntima de tu hermosura.
Me comeré las migajas, si hace falta,
Que dejaste en mi puerta aquella mañana.
Seré hijo de tu ausencia aguerrida
Y mis ojos no mirarán más allá
De lo que tus ojos miran.

IDAS Y ENCUENTROS

—Hay veces que el amor se va y regresa para llorar de nuevo—.

Ayer se fue.
Se fue, como se va el canto rodado en el río.
Dando tumbos, tal vez, pero se fue.
¿Adónde irá? ¡No lo sé!
Sólo sé que el sarmiento llorará,
La sabia dejará de correr,
El destino incierto la pondrá en su lugar,
Y los ácaros del olvido harán nido en la herida,
A mi pesar,
La alondra, desmejorada, levantará el vuelo...
¡Y el óxido que corroe desaparecerá!
Yo también me iré.
Lloraré hasta el amanecer,
Procuraré salir de este fango cruel,
Volaré hasta el infinito
Y... Con lo grande que es la faz de la tierra,
¿Volveré a encontrarte? —Me pregunté. —
Y... ¡Lloraremos juntos por este amor que no está!

EN LA DISTANCIA

No puedes quedarte ahí, en el desván
De un viento atormentado.
No puedes quedarte a esa distancia,
Donde el sol ni brilla ni tiene colores.
Viaja, por favor, en esta nube conmigo.
No dejes jamás la estela que dejan
Las estrellas en misiones de ayuda.
Acaríciame, no tengas miedo, aunque sea
En la distancia, donde el huracán
Del destino causa estragos a su
Paso hiriente en mi memoria,
Y déjame que descanse en tu pupila.
Acércame de tu pecho el sabor de nube
Y viajemos, de nuevo, a espaldas del hastío,
Destruyendo a ráfagas
El vil crujido de tu tormento.
Háblame desde tu distancia,
Aunque tu distancia esté próxima
A mi desvelo y ponte a buscar, entre mis telarañas,
Que es donde se ubica
El cruel deshielo de mi montaña.

HÁBLAME

Háblame de ti,
Aunque mis ojos estén enredados
En la niebla de la mañana.
Háblame de ti,
Aunque sea desde ese lugar del alba,
Donde tú ir y venir confunden
El paso de mi cañada.
Pero... ¡Háblame,
Que tu voz tenue
Penetrará en los rincones
Más oscuros de mi alma!
Deja que tu aliento
Cruce mi frontera,
Que yo estaré aquí, esperando,
Como el río y la zarza.

LA PARTIDA

Si tienes que dejarme que sea por el día
Y que no se entere la noche de este ingrato amor.
Si decides marcharte, vete muy de mañana
Que la sombra de los árboles empapará el sudor de esta cruel despedida.
Si me tienes que dejar, hazlo en fin de semana
Y que no se entere mi otro amor
Que lapidas mi ilusión en el suelo de una ermita abandonada.
Y si algún día te arrepientes, y te da llanto el olvido,
No pienses levantar mi tumba... ¡Está clavada a martillo!

—Fuente Vieja—

MOMENTOS

Eran las cuatro de la madrugada, cuando la noche envejecía,
Solo se escuchaban los ladridos de algunos abandonados perros
Que esperaban el alba.
Mi corazón palpitaba como una máquina de fuego
Y allí estabas tú con tu desnudez de agua.
Me miraste destino arriba, te salió una tímida, lánguida voz,
Dispuesta para el amor.
Poco más tarde
La sangre de un desgarrador beso
Fluía por el nácar virginal de tus dientes de almendra,
Y dos blancas mariposas limpiaban los restos de una pasión sellada.
Se comenzó a estremecer mi cama con gozos de bienvenida.
El sonido del somier, ya bastante oxidado,
Cantaba al compás de aquella nuestra melodía.
Tus manos, aguerridas manos,
Fijaban el clavo de la pasión en el torso de mi espalda,
Como si se fuera a acabar el mundo en ese preciso instante,
Aparentemente cruel.
Un pelo rizado de tus entrañas
Revoloteaba en la sábana arrugada con símil de montaña
Y se posó en mis mejillas, de lágrimas empapadas.
Fue la última vez, ¡qué pena!
Aún así, me pedías: — ¡Quiero más! ¡Quiero ser tuya! —
En aquel momento
Me lanzaste una mirada envuelta entre odio y armonía, y te fuiste.
Te fuiste como se va el manjar de un beso al retorcer una esquina.
No me sorprendió tu acción
Ya que, en otro momento, vi bajar una mosca del viejo farol,
Oliendo una muerte prematura.

TE DEJE MARCHAR

Te dejé marchar en un vuelo de alegres golondrinas.
Te dejé marchar y tronó en mi pecho la amargura de tu despedida.
Te dejé marchar y tu ida destrozó los puertos helados de mi vida.
En tu grave accidente te llevé como un lazarillo,
Como a una virgen bajo palio,
Y ahora me dices que pasaste tu duelo,
Que emigraste de mí, como emigra el polen de las encinas.
Aun recuerdo tus pasos y el calor febril de tu sonrisa,
El sopor de nuestros viajes, que patearon palmo a palmo
Las ciudades más bellas de la tierra, que ahora apagan mi vida.

Vivimos juntos el esplendor del campo,
Desojamos las flores más bellas de la primavera,
Contemplamos cada noche, cogidos de la mano,
El misterio sublime del Universo, del que tú eras dueña,
Disfrutamos juntos del brillo del mar en sus atardeceres,
Y retorcíamos nuestros cálidos labios
Con el húmedo salao del agua de la playa.
Y en las madrugadas, nuestras madrugadas,
Vibraban nuestros cuerpos,
Como auténticos venaos en su cópula de armonía,
Y, en cada partida de nuestro juego de amor,
Nuestros cuerpos no eran nuestros cuerpos,
Nuestras vidas no eran nuestras vidas.

Te dejé marchar y mi corazón, deshilachado,
No encuentra puerto en otra orilla.
Torpe instante, decisión de ruina.

¡QUÉ NO DARÍA YO!

Qué no daría yo
Por abrazar los rincones escarchados de tu espalda…
Qué no daría yo
Por volver a acariciar el perfume que dejabas en mi cama…
Que no daría yo
Por vivir los desvanes húmedos de tus playas…
Qué placer sentir la nobleza sublime de tu alma
Cuando ríes, cuando callas…
Qué tristeza dejas en mí
Cuando pierdo la luz tranquila de esa pupila enamorada
Y dejas tus puertos helados cuando lloras, cuando sonríes,
Cuando te vas cada mañana.

—Fuente del Egido—

SE OLVIDÓ

Era una tasca de bar de cualquier lugar apenas sin vida.
El humo tapaba preciso
La única luz que colgaba en el techo de cañas podridas.
El suelo, tapizado de blanco marrón con un enjambre de colillas,
Y el susurro bronco de hombres de alcohol,
Lo alternaban con alguna canción,
Dando golpes en las pacientes sillas.
Eran aproximadamente las dos. Yo esperaba.
Yo esperaba impaciente a mi amor
En un letargo de espigas.
No pasó mucho tiempo cuando las miradas borrosas,
Entre humo y alcohol, se pincharon al unisonó
En la puerta de entrada del viejo salón.
Era, ella, mi amor, venía acompañada de un perro pastor.
Ella no me vio, me olió.
Tenía grabado en su memoria, el sudor de mi piel.
Y ella ni siquiera preguntó... ¡Se marchó!

MURIÓ EL AMOR

Jamás pensé que muriese el amor,
Pero emulaste ser flor y eras espina.
...Y aquella soga del viejo pozo,
En donde lavábamos la ropa,
Se deshilachaba a medida,
Perdió la fuerza del nuevo,
Sus hilos se pudrieron
Y el cubo de metal cayó al agua con múltiples heridas.
Sé que te amé en desvelo de niño,
Que grababa tu nombre en el vaho de la luna,
Que te soñé sin reparo en las cábalas del día,
Pero con un puñal oxidado me penetraste,
Y con sonetos de amor garabateaste en el suelo:
— ¡Eres el hombre de mi vida!—
Conjuros de amantes escritos en un papel de traza,
Que borraban la lluvia... ¡Y tú te escondías!
He dejado de quererte, ya no me duelen tus idas,
No me duelen tus reproches... ¡Ya no soy tu lobo herido!
Y quizás con mi despedida seré un cancho del río
Que arrastra el agua a la orilla.
Pero no llores por mí,
No te olvides de olvidarme,
Que yo con piedras me fui para poder olvidarte.

AMANECE DE NUEVO

Cuando aquellos besos, maravillosos besos,
Con la fuerza de un chillido te amarren
Tres veces más que el día anterior
Y pasado mañana no estén,
Cuando intentes talar un árbol
Y tu cabeza llegue a lo más alto,
Pero tus pies, faltos de energía,
Se queden derrumbados en el suelo,
No malgastes el tiempo, que es el material
Del cual está compuesta la vida...
¡Resígnate!
Cuando hayas agotado el último recurso
Y te vayas yendo, pensando en volver,
Solo quedará en ti el eco del ayer.
Cuando el alma, hecha pedazos,
Busque una salida sin respuesta al tic-tac de tu corazón,
No te preocupes,
Alguien pondrá un verano en tus manos
Y... ¡Volverá a amanecer!

—© MARIBEL BAZAGA ZAMORA—

XIRA

Casi dormida vigilaba mi boca,
Pero no se atrevía a lamerla.
Es hija del aire, no le importa lo que sea,
Sino lo que piensen de ti.
No le mancha la vida,
Es como el cisne
Que se sacuden el barro,
Dejando su plumaje en un brillo impoluto.
Cuando mira, enarca las cejas y gira el rostro,
Sin dejar apenas palabras, como un lenguaje de signos.
Nunca se enamoró, por ello su corazón
Lo sacude en todas las direcciones.
Vivía a medias, casi siempre en la calle de la amargura,
Por eso, dirigía el personaje desde su coraza de hierro fundido.
Intento reencontrarla y viajar con ella en el cabello
Que dejé en su mesilla,
Pero su fijación era efecto lavadora, me mareó, y caí.

SOLO FUE UN VERANO

Yo estaba sentado en la puerta de un viejo bar.
Ella pasó, como cuando pasa la belleza de un suspiro.
De su camiseta blanca de seda
Destacaban dos insinuantes montañas de trigo,
Ostentando la abundancia que asemejan.
Sigilosas curvas bajaban del tronco esculpido de su espalda.
Su cabello, entrelazado con cola terminada en punta,
Gunguneaba con el viento...
¡Mi mirada, tenista, iba y venía sin consuelo!
El azul balanceo de su barco
Parecía comenzar su aventura,
Pero el gozo no duró más que un pestañeo.
Perdiéndote en el gris oscuro de mi noche,
Al fin comprendí que por las cañerías de mi sangre
Solo discurría el ayer... ¡Sólo fue un verano!

ESTA NOCHE

Esta noche, como cada noche,
Triste e inexorablemente, acariciaré
Mi almohada.
Esta noche en mi tibio lecho
Persistirá el recuerdo inamovible
De tu cuerpo.
Esta noche, como cada noche,
Soñaré con el dulce nácar de tus ojos
Desesperadamente y mis húmedas manos,
Huérfanas de ti, treparán cada rincón
De mi cama, intentando eludir
El hueco que me causas.
Esta noche, como tantas noches,
Volveré a ansiar el croar desnudo
De algunos desapercibidos ranos
Que parecen ostentar el perfil humano
De mis noches.
Y al amanecer, como un perro inagotable,
Saldré a buscarte por las calles,
Viviendo de antemano hundido.

LO SIENTO EN EL ALMA

Siento quererte en la espuma de la noche,
Cuando el sol no me vigila.
Soy como un lobo ciego
Que no encuentra su guarida.
Solo el rastro de tu ida
Está grabado en mi pupila.

ERES MI POEMA

Eres mi poema,
Mi antojo, mi guía,
Pero mi otro amor te ha vencido.
Tal vez, no aprendiste a hacerlo.
Se rompieron los clavos de mi galería.
Cuando vuelvo al pasado,
Ya apenas sin vida,
Y recuerdo tu nombre,
Grabado en mis esquinas,
Soy solo un lamento,
Un pez sin espinas.
Ya no puedo tenerte,
Solo me queda del caballo
La montura sin bridas.
Soy como el sauce
Que, plantado en la playa,
Le falta la brisa.
Soy solo un escombro
Que voltean golpeando
Las palas de la vida.
Apiádate de mí, por favor,
Tú que puedes...
Sólo es prolongar,
Un poquito más las migajas de mi vida.

AVES DE PASO

Revoloteaba inquieta la mirla
Junto al laurel de la casa.
En su canto ahuyentador, si es que era canto,
Llamaba incesante a sus congéneres
En protección de su nido.
Había aparecido un hombre.
Colgada en la rama, me miró fijamente,
Como se mira al destino.
Sólo creí entenderle decir:
—Tanto tú como yo somos aves de paso.
Respétame y volemos juntos
Hacia mejor futuro—.

¡AQUÍ YA NO PINTO NADA!

Cuando el gavilán del tiempo ponía huevos en sus pelos,
Cuando los cuerpos, aconcabados,
Percibían cada vez más cerca el olor del suelo,
Cuando el caminar se hacía más lento
Y el zapato de la izquierda esperaba con paciencia el impulso, titubeante,
Del de la derecha,
Cuando el temblor de sus arrugadas manos
Intentaban acariciarle la cara y el paso del tiempo las ponía en la espalda...
¡Se lo tenían dicho todo!
La comunicación verbal apenas existía, pero quedaban los gestos,
Cómplices de una vida apasionada.
Con los gestos sabían si les dolían las rodillas
O algún pinzamiento en la espalda.
Pero existía el amor, solo hacía falta una mirada.
Cada mañana, sentados en las viejas sillas de enea, tomaban el fresco,
Y el canto febril de los pájaros amenizaba la velada.
Pero, se fue,
Se fue una mañana de mayo, cuando aún quedaba fuego en la cocina.
Sabía que no iba a encontrarla en nadie,
Porque su casa solo tenía una esquina.
La loba que muerde le empujaba a irse con ella
Y no a aferrarse a las garras del olvido
Que, desalado y confuso, quitaba el vaho a los cristales de la luna.
Quiso morir de amor, porque algo grande le faltaba,
Y una frase de lamento escapó de sus labios... ¡Aquí, ya no pinto nada!

CRUJIDOS DEL ALMA

Enfurecida, la mar golpeaba la piedra erguida
Que ostentaba el poder y la fuerza ante un mar
Sin compasión que le limaba la vida;
Aun así, algún pedacito de piedra el mar le robaría.
Hace frente a guerras internas, tormentas sin sentido
Que arrancan el corazón de cuajo, iras, envidias, despedidas,
Crujidos de rotos que con el tiempo la minan.
No sé si te habrá ocurrido, yo también lo sentí un día,
Me robaron los derechos, me humillaron sin respeto
Y en mi cabeza pusieron lágrimas de golondrina.
Así estuve mucho tiempo, oscurecía muy temprano,
La noche tenía prisa, pero al final entendí
Que el agua no tiene colores, pero puede llevar espinas.
Descalzo de pensamientos, con el corazón
Lleno de barro, y apenas sin vida,
Me agarré a las raíces de una flor, que emergía
De un invierno de locura,
Monté en su polen de niña y recorrimos los vallaos,
Las cumbres, las marquesinas...
Y en cada punto plantamos un pedacito
De amor, de risas y alegrías.
Monta tú también conmigo que, aunque te quiten pedazos,
El alma no se termina.
Eres fuerte como una roca, pero el paso del tiempo
Y el desgaste puede arruinarte la vida...
¡Móntate en tu salvavidas!

LE LLAMABAN X

Era del color de la leche.
No era ni chico ni grande, más bien
De un porte adecuado al hábitat donde pace.
De familia trabajadora y sencilla, de esas que había antes.
Desde muy joven, tenía el instinto de ayudar a los marginados,
Desprotegidos, no sé si porque lo vio en casa
O lo aprendió en la calle.
Comió pan de muchos hornos, nadó en el fango de ríos putrefactos,
Sin que nada ni nadie manchara su sangre.
Tenía cinco amigas que, entre todas, sumaban más de cuatrocientos años.
Las mimaba y las trataba con ternura, tal vez, le recordasen a su madre
O quizás porque eran cinco pedazos de Biblia en sabiduría y arte.
Leyó a Lorca, Bécquer, Chamizo y a otros grandes,
Pero quien le bajó la luna, quien le llenó de flores el pensamiento,
Era para él todavía más grande, ¡Virtudes Tristancho!,
El epílogo de una fuente.
En mitad de su vida,
Le rompieron el alma una tarde de enero, que jamás olvidaba,
Pero la operaron y se la hicieron más grande.
De esta guerra salió victorioso y al tener el alma tan grande
Amaba por tres, soñaba por tres
Y descansaba en la cama de los Abandonados.
Su futuro como el de tantos, incierto,
Pero se pueden imaginar el final de este hombre.

Si siembras odio,

Llevarás constantemente

Un serón lleno de piedras colgado a tu espalda;

En cambio,

Si siembras bondad,

Tus zapatos serán más ligeros que una liebre.

ÍNDICE